僕らの育児が変わる時

パパコマ

宝島社

もくじ

第0章 ● 「男性育児」……3
第1章 ● 「東山家」……7
第2章 ● 「昼夜の育児」……20
第3章 ● 「父親失格」……35
第4章 ● 「京香の限界」……48
第5章 ● 「本音」……62
第6章 ● 「育児とは」……75
第7章 ● 「小澤家」……81
第8章 ● 「それぞれの育児」……92
第9章 ● 「深夜の異変」……110
第10章 ● 「二人の育児」……121

登場人物

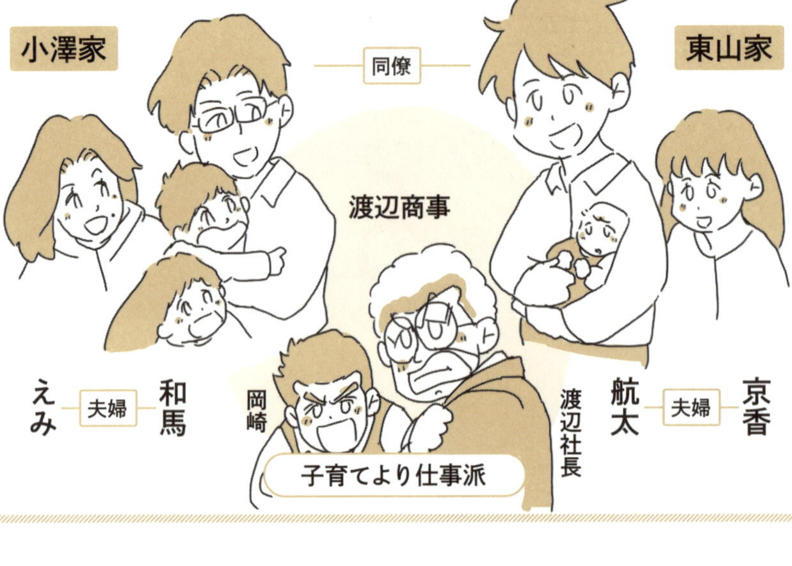
小澤家
同僚
東山家
渡辺商事
えみ
夫婦
和馬
岡崎
渡辺社長
航太
夫婦
京香
子育てより仕事派

第0章「男性育児」

また肌着の裏表が逆だったよ！
しっかりしてよ！いつになったらちゃんと覚えるのよ！
結果がついてこない
やらされ過ぎじゃね？
ウチら仕事してんだからいいんだよ！
それを邪魔する人もいる
寄り添いたくても
簡単でなく
相談する相手も
離乳食？
わかんね
いない
ハハ えらいね

家族ができたことで
今までと違う
重圧がのしかかり
接する時間が
短い中でも
?
必死でもがいてる
パパもいる
それでも社会やママから
求められるパパ像には追いつけず
頑張っても頑張っても
苦しんでるパパは少なくない
頑張り方が
わからなくなり
仕事に舵をきるパパ
家庭での居場所を
失い
寄り添うことを
忘れたパパ

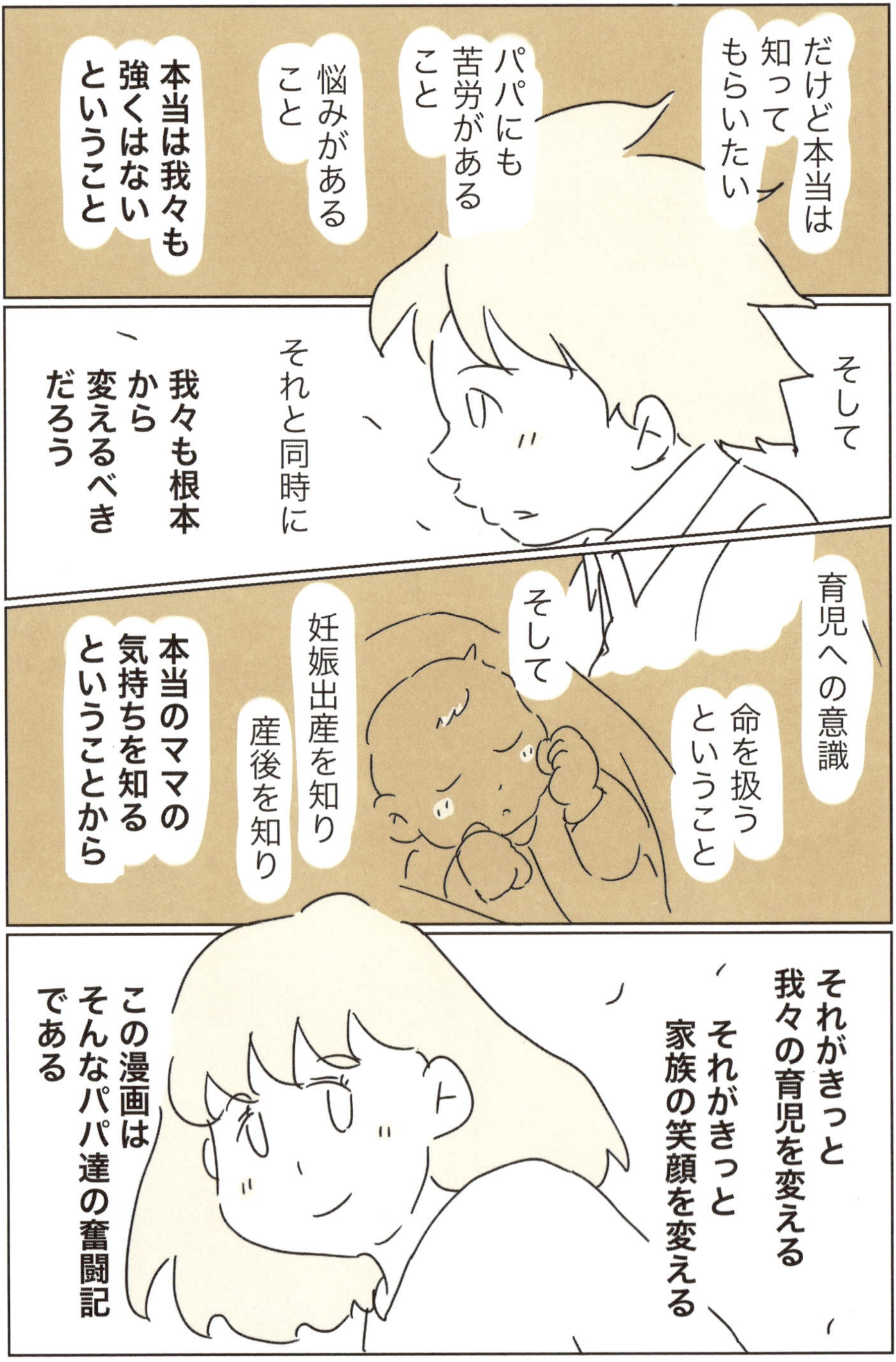
だけど本当は知ってもらいたい
パパにも苦労があること
悩みがあること
本当は我々も強くはないということ
そして
それと同時に
我々も根本から変えるべきだろう
育児への意識
命を扱うということ
そして
妊娠出産を知り
産後を知り
本当のママの気持ちを知るということから
それがきっと我々の育児を変える
それがきっと家族の笑顔を変える
この漫画はそんなパパ達の奮闘記である

第1章「東山家」

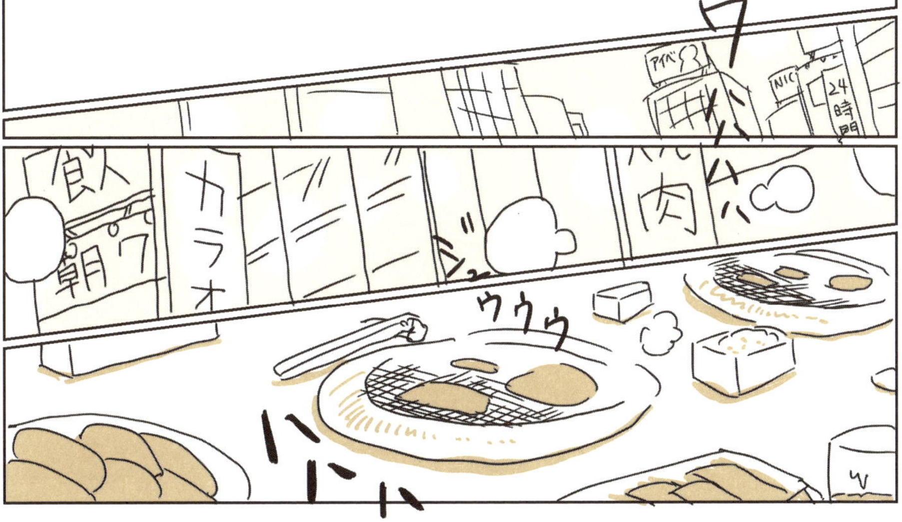

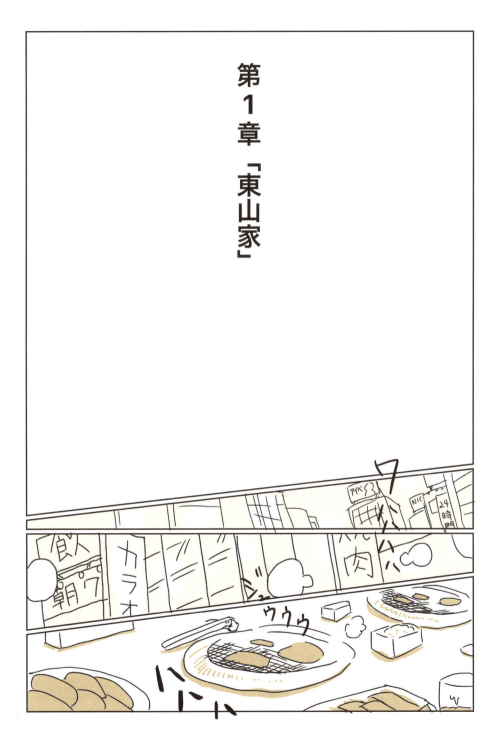

ワハハハ
ハハハ
ハハハ…
はぁ…
帰りたい
でも言えない
ズーン

僕の名前は東山航太
生後1カ月の子を持つ
新米パパだ
早く帰って
子どもの顔が見たい
ならそうしろって?
ワイ
ワイ
ワイ
男性も育児をする時代だって?
わかってるわかってるけど
それって一部大手企業のことでは?
少なくとも僕の周りには味方はいない
お子どもの写真か
例えば上司の
岡崎さん

いいか東山！育児のコツは
干渉しないで嫁さんに任せることだ！
どうせやっても怒られるだけだし
結局頼られてんのは金だからな！
…
しっかり仕事は集中してやれよ！
こんな感じだ
そしてもう一人…
その通りだ東山
渡辺社長
嫁さんを甘やかすな！ビシッと言ってきかせるのも
旦那の役目だからな！

こんな感じ
なのである
だけど
唯一違う
タイプの
人が…
ははっ
社長ソレ
小澤のこと
言ってますね！
そうだよアイツ
また飲み会来て
ないじゃねえか！
いや
違うんすよ
社長
アイツ呼んでも
どうせ
来ないんで
もう誘って
ないんス
小澤ってさ
いっつも
定時で
帰って
飲み会の
誘いも
断る！
東山
アイツ
何でそんなに
早く帰ってっか
知ってるか？

何でも早く帰って育児させられてんだってよ！
ドッ
相当奥さん怖ぇんだろな！
小澤さん社内で「定時で帰る男」と呼ばれる
密かに僕が憧れてる先輩だ
だけど育児をしろと世間で言われてる一方
小澤くんはねー
頼りないのよねー
裏で言われてることも知っている
育児はやっぱり女性がするべきなのか！
僕はやるべきではないのか！

いや、そんなことより自分の気持ちだろ！
俺も親なんだから！やって何が悪い！
それで？
東山の嫁さんは怖いのか？
あ！
え…
…いや
えっとうちの場合は
怖いっていうより強い人なんで
残業や飲み会は
大丈夫って言ってたんで大丈夫だと思います！

飲み会の後は
気を使う
一応
感謝の気持ち
を込めて
ICE cream
48アイス
アイスを買って
帰ってみるが
今は
体冷えるから
いらない
妻 京香
こうなってしまう
あ…
じゃあ抱っこ
代わろうか？
いや、いい
お風呂
入れば？
この…
やろうとしたことを
否定されるのが
辛い
やろうとしても
やらせてもらえない
何か
手伝う？
イヤイヤ
拒否されたら
もう何も言えない

やりたくても
やれない育児
ハハハ
自分が求められていない空間
仕事してた分子どもに触れたいのに
…じ、じゃあ…お風呂行ってくるね
はぁ
いいよね一人でゆっくり入れるって
全てが裏目に出る何をやっても嫌味を言われる…
ズキン

なぜ なぜ なぜだ
大丈夫って言うから
飲みに行ったのに
風呂行けって言うから
行くのに
何が正解なんだ
寄り添うって何なんだ
バタン
……
航太は優しい人だ
文句はない
文句はないけど
引っかかってしまう…

子どもが泣いても
反応しない態度
当たり前に行く飲み会
飲み会後お風呂に入らないで
赤ちゃんを抱こうとするその接し方
やりたい時にだけやろうとする育児
「手伝う」という言葉からも感じてしまう
きっと航太は
子どもは可愛がってるけど
自分の力で育てようとはしていない

だから
さっきだって
抱っこ代わろうか？
何か手伝う？
疑問形にして
その責任を
私任せに
している
いやいや！
そうじゃない！
そうじゃ
ないのは
わかってる！
航太はただ
優しさで
言って
くれてるだけ…！
だけど代わるから
休んで！
と言われたい
積極性を
持ってほしい
責任感を
持ってほしい
何で一番伝えたい
ことを素直に言えずに
嫌味ばかり
言ってしまうんだろう

どうして
私は…
寄り添う
って
何なんだよ
言いたい事を
言いやがって！
言えない……！

第2章「昼夜の育児」

カタ
カタ
ピタッ
……
はぁ…
……冷静に
考えれば
産後の京香
一人残して
俺だけ飲み会って
やっぱり
断るべきだったな
しかも
酒臭いまま
抱っことか…
そりゃ京香も
嫌がるわ
寄り添うとは何か
僕はもっと産後についても
学んでいかなくてはと思った
はじめての育児
パパ入門
仕事中にくる
連絡も
できるだけ
目を通し
シュコン
ずっと抱っこでもう腕がいたい

気遣って返信していこうと思う
それだけ京香のことが
好きなんだね
がんばって!
だけど
シュコン
がんばって!
もうガンバってる
うまくいってる気がしない
東山電話ー
ハハ…
ですよね
忙しい中返信してんだけどなー
ああ! また冷たく返信して
しまった!
ありがとうが言えない!
ふぇ
イライラしてしまう!

だけど
私の気持ちも
わかってほしい
一日中泣く
この子と
一緒にいることを
言葉も通じず
わからぬことばかり
そんな中
たった
一人で
命の責任を
背負う重圧
ザワッ
だからかな
朝、航太が家を出ていき
バタン
一人になると
もの凄い不安に襲われる

一人になりたくなくって
ドキ
連絡ばかりしてしまって
子どもは可愛いのに二人きりが不安だった
それでも正直
誰かに連絡できる
ドキ
昼間はまだ良かった
だんだんと外が薄暗くなり
ドキ
夕方になっていき
ドキ
夜になるのが
また私は怖かった…

昼とは違う
静寂の夜
小さな灯り
だけの
薄暗い部屋
突如
闇を切り裂く
甲高い泣き声
睡眠を
妨げられる
苛立ちと
また!?
なんで!?
1時間しかたってない
なぜこうも
泣くのか
暗い部屋が
余計に
不安をあおる
寝てほしいが
置けば泣く
抱き続け
動き続けて
なければ
寝てくれない
横になりたい
座りたいけど
暗闇の中を
徘徊する
重いまぶた
痛む身体
叫びたい心

全てを投げ出してしまいたい衝動
親としての無力さ
罪悪感
惨めさ　悲しみ
普通でいられない精神状態が襲う
一番頼りにしたい人を
横目に見る
隣に人がいるのに
あ゛あ゛
あ゛あ゛あ゛
あ゛あ゛あ゛あ゛
あ゛
え゛え゛え゛ん゛
孤独を感じてしまう…

だけど
チュン
チュン
それも朝まで
少し明るくなると
安堵からか寝てくれる
おけた
こんな毎日を繰り返してる
ほっ
だからその日
……
ムクッ
航太のその気持ちがただただ素直に
うれしかった
京香へ
今日も夜泣きに
気づけずごめん
おにぎり
良かったら

…僕は別に
夜間育児を押し付けてるつもりはない
ただ泣き声に気づけない…
申し訳ないとしか言えない
責任感が足りてない
そう言われても仕方ない
気づけていいな
なんて思ったりもする
でも何もしないのは
違うと思うから
少しでも寝れるように感謝を込めて
贈ります

航太は航太で
思うことがあるのだろう
この気持ちが
いつもありがと
私は足りてない
だー
これからは私も
もっと感謝をして…
MILK
のり
と思ったけど…
ありがとうを言いたい私と
言いたくない私がいる！
ググッ

自分でもわかる　産後の感情はジェットコースターのようだ！
片づけろ
あけっぱなし
出しっぱな
だけど自分ではわからない
この起伏の激しい感情の抑え方を…
渡辺商
ヴーヴー
朝食ありがとう
シュコン
シュコン
シュコン
シュコン
シュコン
も片づけて
牛乳はありえん
片づけないな
そう言っ
何度
注

産後の感情は起伏が激しい
そうですよね…
学んだことだ
それに
子ども好きだから！
任せて！
気合いよ
ハッハッハ
昔の京香からは想像もできない
弱気…
それだけ育児に
不安や心配があるのだろう
だけど僕も
心配がないわけじゃない
家族ができ今までとは違う重圧
倒産
病気
リストラ
ケガ
収入
辞められぬ稼がなくてはならぬ
適当ではいられない手が抜けない
だからこそ誇りある仕事

それなのにそんな時に起こってしまった
東山ぁ
ビクッ
お前この仕入れどうした
頼んだろ！入荷されてないぞ！
明日納品なのに
今すぐ在庫あるトコ確認しろ！
あ…
探せ！調べろ！
探してここにかき集めろお！
……
仕事でのミスだった

マズイマズイマズイ!
これがマズイのは
僕でもわかった…
やってしまった…!
やってしまった…!
おーい東山くん
岡崎さん!
だから言ったろ仕事に集中しろって
仕事ナメてんじゃねーよ!
ナメてない
社長自分も手伝いマス!!
ナメてなんかいないけど
……
だけど
ヴヴッ…
だけど

オムツストック使った？
使ったら言って
帰り忘れずに買ってきて下さい
……！
ザワ
俺だって
俺だって必死にやってんだよ…！
いちいち喧嘩売ってこないでくれよ！
仕事に集中させてくれ！

第3章「父親失格」

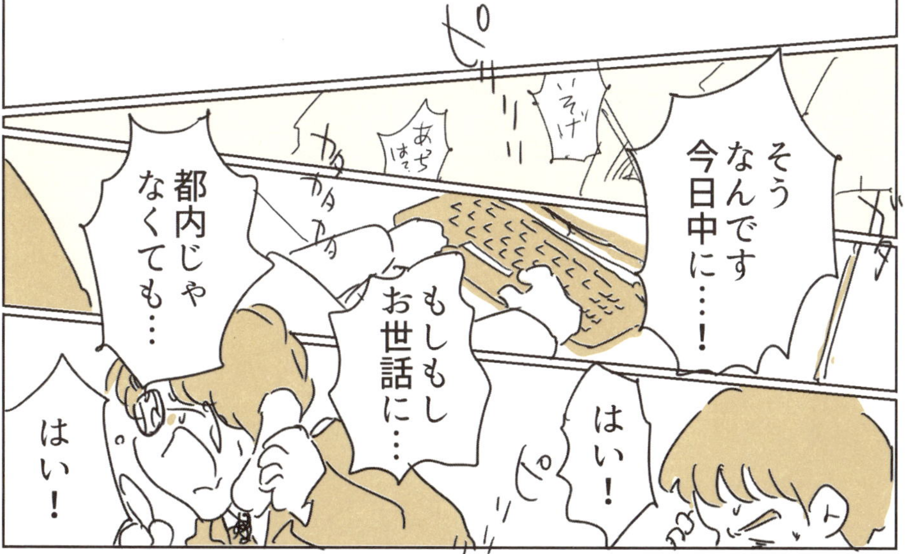

ピリリリリ
そうなんです今日中に……！
いそげ
あっち
カタカタカタカタ
都内じゃなくても…
もしもしお世話に…
はい！
ピリリ
はい！

え！
ある
!?
東山！
東山！
え…
あった！
在庫
あったぞ！
木場まで
取りに行けば
在庫譲って
くれるって！
さすが
岡崎！
よく
やった！
ありが
とう
ござい
ます！
じゃあ
自分
取りに
行きます！
お前は
行くな！
え…
岡崎！
行って
くれ！
すみません
岡崎さん…
かまわねえよ
任せな！
ただ
お前

こんなミスするなんて
父親としてどうなんだよ
そうだぞ東山！父親ならしっかり働け！
倉庫で受け入れの準備しとくんだよ！
行ってこい！
ダッ
……！
社長

！
なんだ小澤か
どうした？帰る時間か？お疲れさん
いや、私も東山くん手伝いに
倉庫に行ってきます
はあ!? いいよお前は！奥さん待ってんだから帰りなさいよ！
じゃないと奥さんに俺が怒られるからな！
……
行こう東山くん
お、小澤さんすみません…
大丈夫だよ急ごう
でも本当は帰らなきゃマズイっすよね…
奥さん大丈夫スか
んん!?

あー東山くんまでそんなこと言って！
別に奥さん怖くて
早く帰ってるわけじゃないからね
ただウチも今2歳になる息子がいてさ
その子がヤンチャでまだ手がかかるのよ
ガォー
別に仕事してないわけじゃない
手を抜いて早く帰ってるわけでもないのに
誰かに文句を言われる筋合いは
ないと思うけどね
……

うちの会社は いわゆる 商事会社だ
第一倉庫
大手企業や 行政機関の 御用を聞き
社員個人で 営業し 発注し
納品まで 一人で 完結できる
だから 仕事を調整して
定時で帰るのも簡単だし
パタン
稼ごうと思えば
頑張りも反映される
育児に お金の心配は つきものだ
営業
井上
岡崎
そういう面では 仕事で稼ぐ 岡崎さんは
立派な父親 なのだろう
小澤さんは その点 どう思うのか
フー
あ
お子さん もう1カ月 たつ？

東山くんももうすぐわかると思うけど
子どもって一瞬でも目を離すと何するか本当わかんないのよ
ふと外見た瞬間にリモコン食ってたり
昨日まで上がれなかった椅子に上って落ちてたり
そういう心配があるから
早く帰りたくなっちゃうってのもあるんだよね
でも小澤さん家奥さんいますよね…
そんなに心配しなくても…
子どものあの予測不能な行動は奥さん一人の体力や精神力ではもたないよ！
仕事も一緒でしょ
一人でやるのには限界がある
ましてや育児は24時間
それこそ無理！
だったら昼間妻に見てもらってるから
夜は俺の番って思うのよ

妻がせっかく命懸けで産んでくれた子
もっと触れてもっと抱いて
もっと声を聞いて声をかけて
もっと同じ時間を過ごしたいと思うんだ
妻に感謝しママと一緒に子どもを育てるってのも
父親として大事なことなんじゃない？

…でも…
仕事は？
仕事ができてないようじゃ父親としてどうなんですか？
！
さっき岡崎が言ってたね
仕事ができるパパはカッコイイよね！
男は仕事って考えも否定はしたくないよ
背中を見せて人生を伝えてるって感じ！
だけど仕事だけじゃ背中しか見せれないんじゃないかな
俺はもっと正面向いて
泣いて笑ってカッコ悪い面も見せれる父親になりたいんだ！

ミスしたって取り返せる！
そんな姿を見せるのもまた父親としてありなんじゃない？
さ、やっちゃおう！
ムリだ
仕事も育児もなんて
僕には無理だ！
思っていたよりも
僕は弱い人間だ
結局僕のミスは
大ごとにはならずにすんだが
渡辺

みんなにたくさんの迷惑をかけた
多方に頭を下げて謝った
もう少し仕事に集中しなさい
父親になったのだから
なんて情けない
父親だ
ママと一緒に子どもを育てるってのも
大事なことじゃない？
わかっている
わかってんだ
僕だって家族といたい
子どもといたい

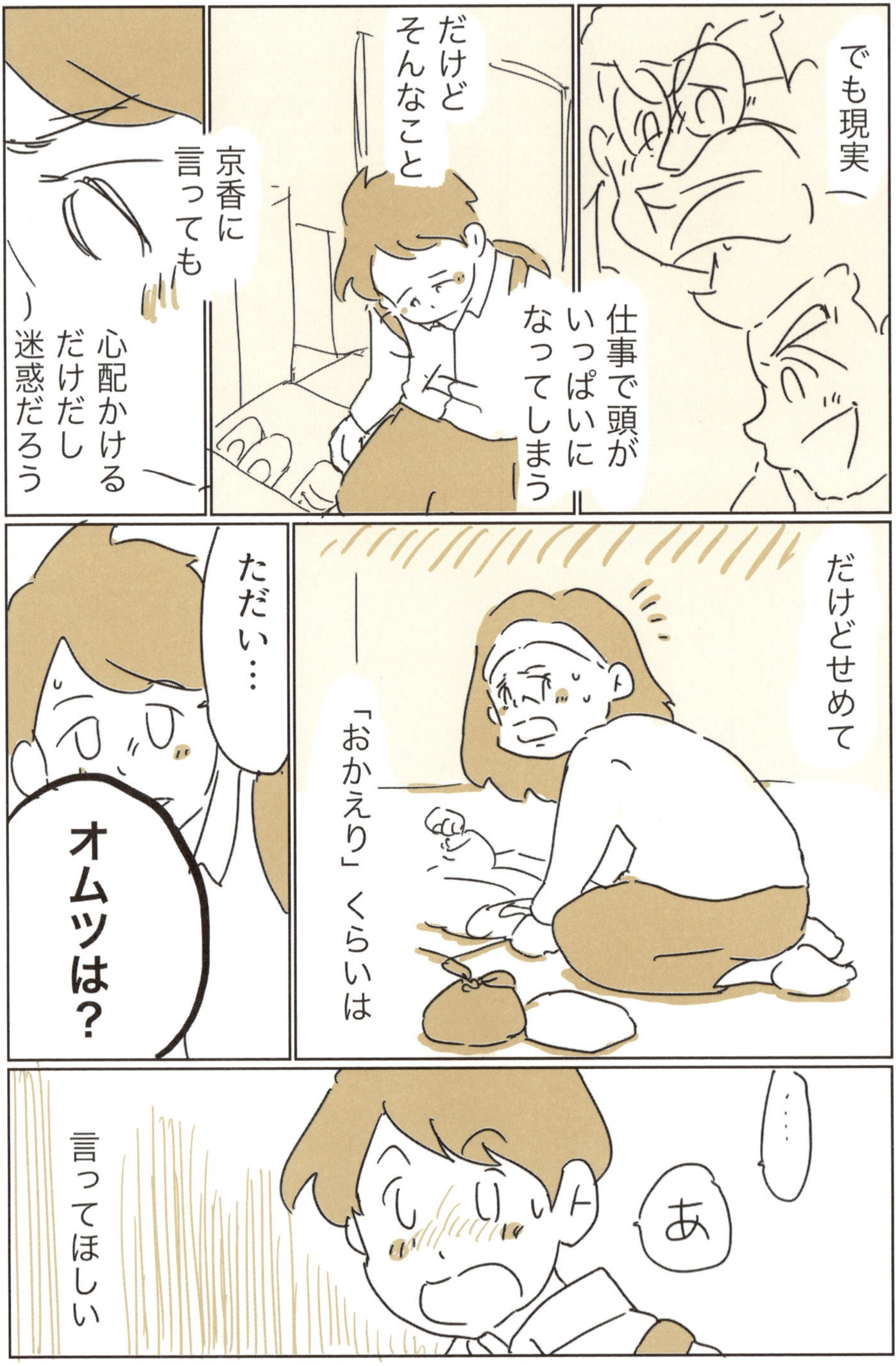
でも現実ー
仕事で頭がいっぱいになってしまう
だけどそんなこと
京香に言っても
心配かけるだけだし迷惑だろう
だけどせめて
「おかえり」くらいは
ただい…
オムツは?
・・・
あ
言ってほしい

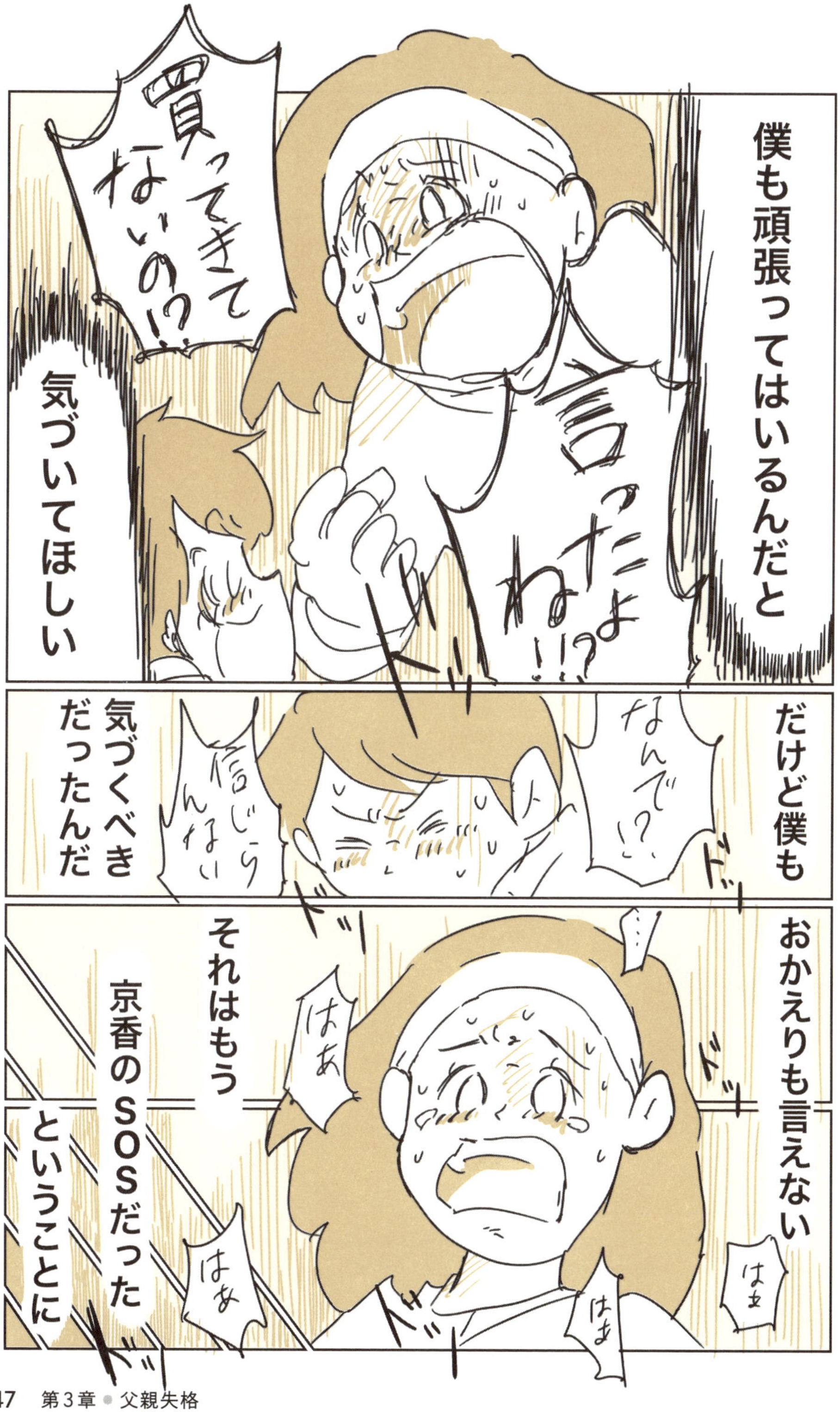

僕も頑張ってはいるんだと
言ったよね!?
買ってきてないの!?
ドッ
気づいてほしい
だけど僕も
なんで!?
ドッ
信じらんない
気づくべきだったんだ
おかえりも言えない
ドッ
…
はあ
それはもう
京香のSOSだった
ということに
はぁ
はぁ
はぁ
ドッ
ドッ

第４章「京香の限界」

航太は昔から二つのことをやるのが苦手だ
昔は良かったそれでも…
だけど今はそれじゃ困る…！
心配になる…！
本当にこの人に子どもを任せていいのかどうか
はぁ
はぁ

言いたくない
本当は言いたくないけど
ねえ航太…
あなた…そんな感じで仕事大丈夫なの!?
何も知らないくせに…!
仕事のことは言われたくない
いいよな京香は家にいて
大変だけどそれは幸せだろ!?
あのさあ
こっちはしたくもないこんなこ
二人の想っているのに…

……
……
……
俺…
明日も早いから
別の部屋で寝るわ…
……!
いいよね
あなたは
逃げられて
バタン

私には明日早いとか
関係ない
昼も夜もほとんど寝てない
授乳してミルクあげて
一日中抱っこして泣き止ませて
昼も夜も不安と疲れの中
もう1カ月まともに寝ていない
私は仕事も休んで家にこもって
好きなこともできず人にも会えず
ひたすら二人の子どもを守ってる
死ぬ思いで産んだのにそれなのに

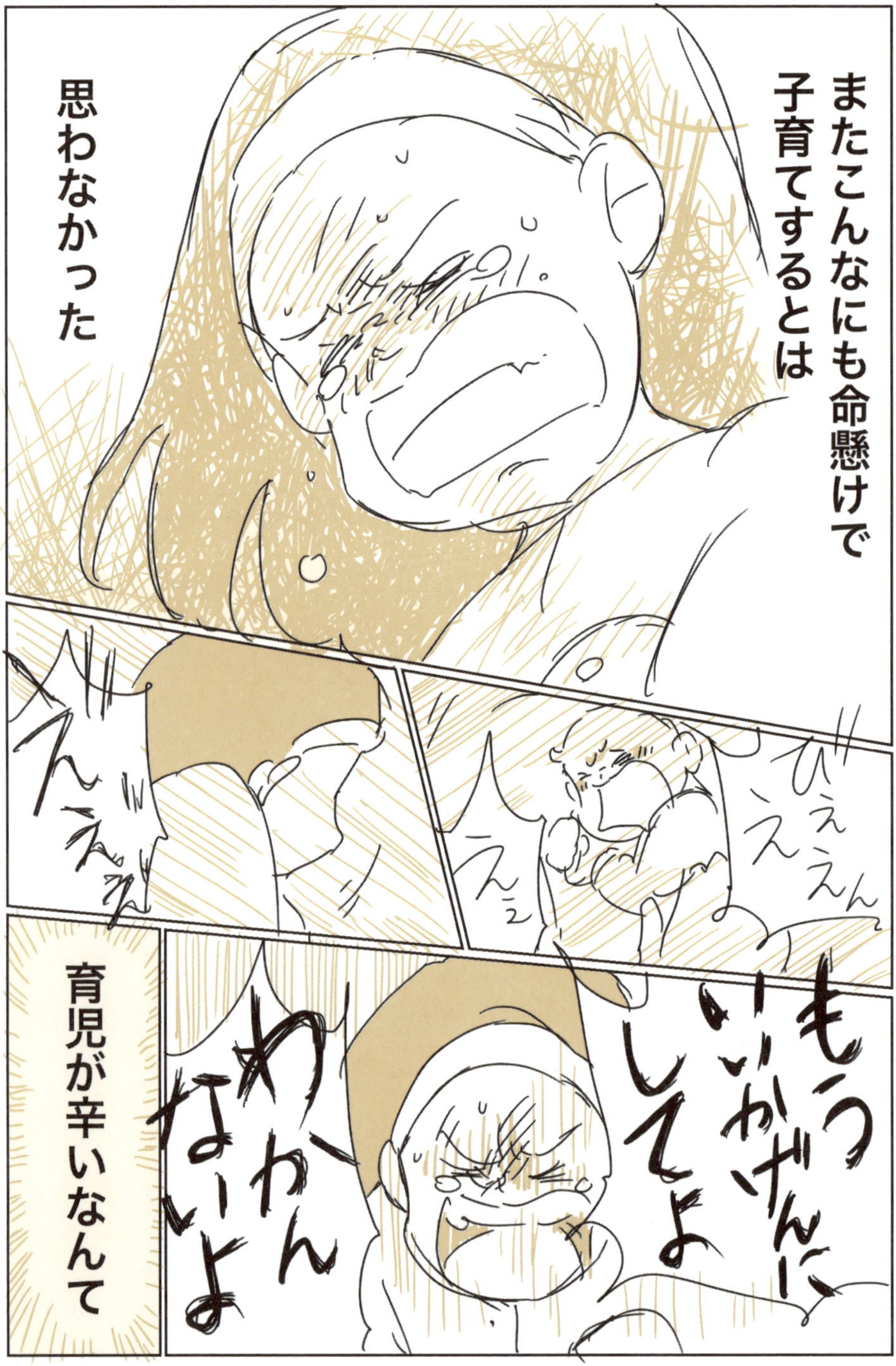
またこんなにも命懸けで
子育てするとは
思わなかった
びええええんん
んー
んえええん
もういかげんにしてよ
わーかんなーいよ
育児が辛いなんて

私は母親失格だ・・・
はぁ
はぁ
はぁ
・・・・・・
別の部屋で寝る
なんて言っても寝れなかった
頭の中で
仕事のことがぐるぐる回っている

辞めたい
だけど辞めれない
モンモンモンモン
今辞めても
家族を養えない
京香も言ってた
子育てはお金かかるわ
家族のためにも働かなくては
仕事に集中しろ！
心配しちゃって
早く帰りたくなっちゃうんだよね
仕事と育児
不器用な僕には

とてもじゃないが両立なんてムリだ…
寝れぬ夜
だからこそ気づいた
いや
離れたからこそ気づけたのか
ずっと聞こえる泣き声
こんなにも泣くものなのか
いつもなら京香がいるから
安心して寝てしまう
だけど京香がそばにいないと
泣き声が不安で気になる

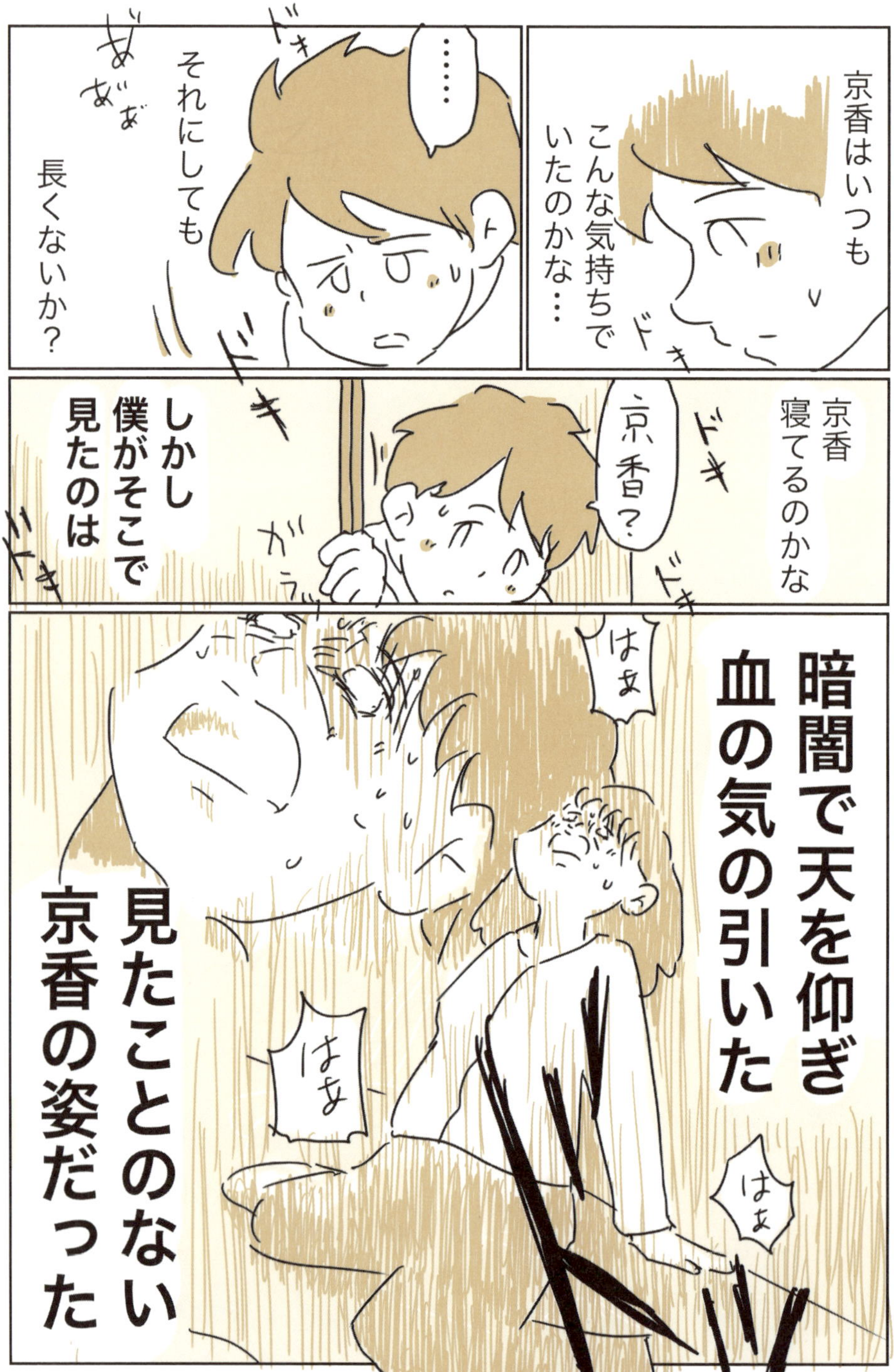
京香はいつも
こんな気持ちで
いたのかな…
ドキ
……
それにしても
長くないか？
ドキ
ドキ
京香
寝てるのかな
京香？
ドキ
ドキ
ガラッ
しかし
僕がそこで
見たのは
ドキ
暗闇で天を仰ぎ
血の気の引いた
はぁ
見たことのない
京香の姿だった
はぁ
はぁ

はっ
京香は
どこを見るでもなく
口を開けたまま
荒い呼吸を
繰り返していた
はっ
はっ
しかし
その呼吸は浅く
京香
どうしたの
窒息しそうな
苦しさが見えた
はっ
はっ
過呼吸
京香!
過度な緊張や
精神的不安
それらから
引き起こされる発作
はっ
はっ

京香はひとり
追い詰められて
いたのだった
暗闇の中
理由もわからず
泣き続ける子を
抱き続け
毎日毎日毎日
毎日毎日毎日
寝ては起こされ
の繰り返し
泣かないで
体力も気力も
精神力も奪われ
大丈夫だよ
それでも
やり続けなくては
ならない育児
なぜ泣くのか
やり方が
悪いのか
わからない
ごめんね
自分だからか
なんでかなー
自分が
いけないのか
抱っこヘタかな
そんな
自暴自棄に
なっている中

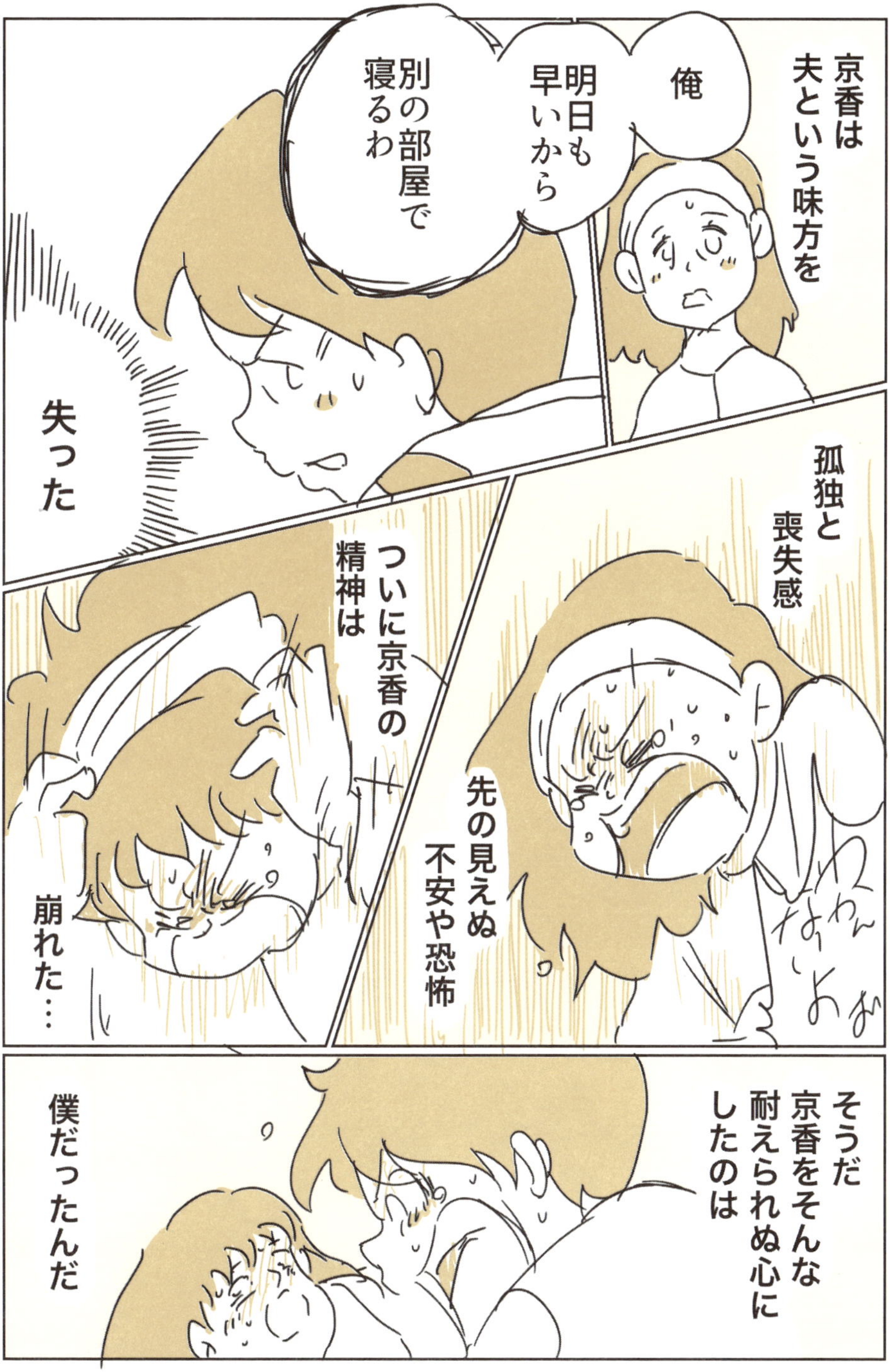
京香は夫という味方を
俺
明日も早いから
別の部屋で寝るわ
失った
孤独と喪失感
先の見えぬ不安や恐怖
ついに京香の精神は
崩れた…
そうだ京香をそんな耐えられぬ心にしたのは
僕だったんだ

それでも京香は
落ちついてね
大丈夫だよ
ゆっくり吐いて
はっ
何？何か言った！？
はっ
荒い呼吸の合間に
はっ
ごめん…
と言って涙を流した
それは僕に対して
大丈夫だよ
ではなく
目の前で泣き続ける我が子
京香…
大丈夫だよ…
にだ…

京香は
こんな時にも
母親であり
大丈夫…
大丈夫だよ！
ごめん…
ずっと一人
命懸けだった
ごめん…！
それなのに僕は
大丈夫
だから…
そんな京香を
一人置いて逃げたんだ…！
謝るべき
なのは
俺の方
だから！

第5章「本音」

はい…そうですか…
わかりました はい…
…では ありがとう ございました
…とりあえず 様子見て
痺れが 治らなかったら また連絡してって
ありがと 大丈夫
京香…
今日は 俺のせいで
本当に ごめん…
明日は とりあえず 休むから
今日は ゆっくり 休んで

ねえ航太…
ちょ…
大丈夫
聞いて話したいの今じゃなきゃ言えないかもしれない…
私ね…出産する前までは
育児が辛いとか大変って言う人を
自分の子どもなのに？子どもが可哀想
私だったらそんな事言わない！って思ってた
それなのにいざ自分が出産したら
産後の身体は痛いうえに抱っこし続ける体力もない
髪は抜け肌はボロボロになって
寝れないのも経験のない辛さだった
外出もできないやりたいことも何もできないストレスもあった

全然キラキラしてなくて
幸せなはずなのに
可愛いはずの子どもなのに
それすらわからなくなりかけてて…
それなのに航太は飲み会ばかり…
でも私が頑張らなきゃって
強がって大丈夫なんて言って…
でもそれは強い母にならなきゃって
演じてただけだった…
本当は強くなんてなれなくて
不安で不安で仕方なかった
強くない自分を責めた…
母親なのにって落ち込んだ…

そんな時 それでも 航太が
私に寄り添って くれようとした
うれしかった とても…
だけど
だけど それでも やっぱり
航太は やれることを やってるだけ!
本当は その努力も 知ってたし
仕事での 異変も
気づいて たのに
やらなくては いけない状況の 私とは違う! 認めたくない! って思った…

それでも
自分の不安を
消すため
言ったよね
必要以上に
航太をののしり
あおり
間違いを
強く指摘して
自分の自信のなさ
を隠し…
仕事
大丈夫
なの!?
自分の育児を
正当化させるため
さらに強がるしか
なかった……!
本当は
苦しいのに
本当は
自信なんて
ないのに…
助けてと
言えなかった…
私のせい…
私のせい
なの…
違う!
京香は
何も
悪くない!

助けてと言わせなかった俺のせいなんだ…
ごめん…
俺が頼りなかったから謝るのは俺の方なんだ
俺…どこかで思ってた…
京香は…いや、母親にとっては
育児をすることが何より幸せで
俺ら父親は母親に育児をさせてあげることが
家族の幸せに繋がるんだって
俺…京香の出産を見て…
その頑張りを見て
この子は俺が育てる！
って確かに思った！

だけど その反面…
産んでもいない 自分が
この子を 育てていいのか 触れていいのか
そんな権利が あるのかって 怖さがあった
子育ては 母親の幸せ
それを 俺が邪魔して いいのかって
そんな 罪悪感が あった
だから 一歩引いて 伺いを 立ててた
抱っこ する？
手伝う？
京香の邪魔を しないように って
そんな想いで 育児を学んだ けど…
結局京香は 楽には ならなかった

そりゃあそうだ…俺は京香のフォローと言いながら京香を盾にして
結局責任を押し付けては
何かあったら起こして
育児の辛い部分を避けていたんだから
ママがやって当たり前…
俺のそんな無責任な態度が京香に助けてと言わせなかった
ごめん本当にごめん…
怖い思いをさせてしまって
でも…だから俺決めたよ!
え…
二度とこんな事が起こらないように
しっかり二人を守れるように

俺
育休を取る
育休を取って
京香と同じ目線で
育児をするよ
育休!?
取れるの??
今から…!?
わから
ない…
でも
取れなきゃ
休職する!
俺…
さっきの
泣き声…
いつもと
違く
感じたんだ

いつもなら泣かれても
京香に向けて泣いてるって感じがあって
安心して泣き声を聞けてたんだけど
さっきの…京香がいない時の泣き声は
聞いた時胸がざわついて
心配で不安で…
すごく胸が痛くなった…
この子は何で泣いてるんだろう
オムツかな眠いのかな抱っこかな
暑いのかな寒いのかな痒いのかな…
そうやってこの子を想い考え悩みながら行動するのが育児なんだって
それを京香と一緒に
やっていきたい
この子のために一緒に考え
一緒に笑いたい!

そのために育休を取る！だから今は安心して！
この子置いたら京香も隣の部屋へ運ぶね
……
初めて聞いた航太の本音
私の不安とは違う
航太の感じる不安
私の求めたものとは違う
航太の考え方
産んでいない罪悪感からの
育ててはいけないという遠慮
全然理解できん(笑)
理解できないけど聞けてよかった！

言いたいことが
言えて
航太の思ってた
ことが聞けて
私の心と航太の心が繋がった
そんな気持ちになった夜だった

第6章「育児とは」

チュン
チュン
チュン
キッ
頑張ってんな…
育児とは
想いや知識だけでなく
実際にやる
ということが大切だ
想いだけでは
どうにもならないことや

覚悟や知識だけでは
やっていけない
現実があるから…
不安や悩みを
抱えながらも
それでも
自分が育てたい
そんな自主性が
親子としての絆を
深めるのだと思う
昨夜の航太からは
この子は何で泣いてるんだろう
オムツかな
眠いのかな
抱っこかな
暑いのかな
寒いのかな
痒いのかな…
そうやって
この子を想い
考え悩みながら
行動するのが
育児なんだって
そんな親としての
自主性が見えた
私だって頼りないと
気づいてくれたのかな

育休が取れるかは
わからないけど
自分から
取ろうとしてくれる
その気持ちがうれしかった
二人で笑って
育児が
できるよう
私からも
気持ちを
贈ります
ありがとう
かわゆ…
パシャ
育児とは

命を守ることだ
命を守るとは
育児をすることだ
京香は一人
毎日毎日
子どもの命を
守っていた
学ぶことも
寄り添うことも
大切だけど
今僕に必要、
なのは
命を守る
育児をする
ことだ
そのためには
育休を
取りたい
それは正直
うちの会社
では簡単
ではない
ザワッ
だけど

誰かに文句を言われる筋合いはないよ
小澤さん
あなたに出会えてよかった
今の俺には味方もいる！
家族を守れる育児をするため
俺は育休を取る…！

第7章「小澤家」

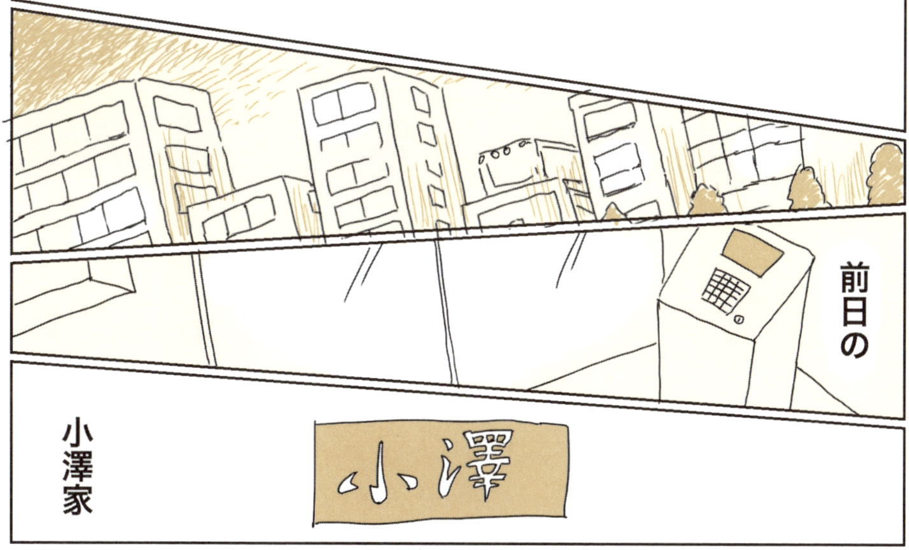

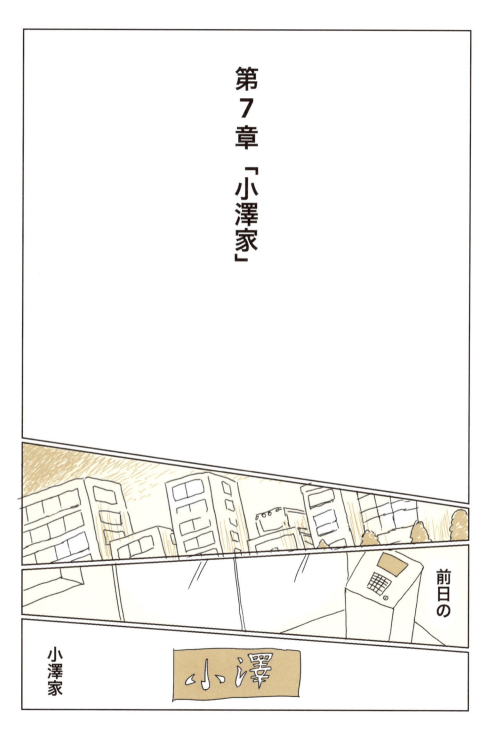

ただいまー 遅くなって ごめんー
子ども二人 どおー？
珍しいね あなたが 残業なんて
妻えみ
お疲れ様 二人とも 早めに寝たよ
なら良かった ありがとー ちょっと会社で トラブルが あってね
あ、コレ
電車 待ってる間に 買えたから
おつかれさま
その割に 何か うれしそうね
きこう じゃないの
へへ、実は 会社で 育児について
話せそうな 友達ができた
へー あなたの 会社で!?
東山くんって いうんだ

たださ
東山くん
ちょっと
悩んで
そうで
お子さんも
まだ1カ月
だし…
それは
大変
心配だね
うん
育児ってさ
ちゃんと
向き合わなきゃ
いけない
んだけど
真正面から
向き合いすぎ
てしまうと
男性でも
ノイローゼに
なってしまう
からね

育児ノイローゼ
そう聞くと
「ママがなるもの」
と、僕もそう思っていた
あの時は本当にゴメン
だけど僕はなった…
それは6年前
長女が生まれた年
僕ら夫婦は頑張り方を
間違えていたんだ
6年前
渡辺
おーい小澤ー
出産おめでとう
飲み行こうぜ

岡崎
ありがとう
でも今はいいや
は？
いや断んなよ奢ってやるって
でも帰って子ども見たいんだ
子どもなんか嫁に任せとけばいいだろ
……
あのさ俺も改めてわかったんだけどさ
出産って産んで終わりじゃないんだよね
母親って体も心もすげーダメージ受けてんだよね
そりゃそうだ人ひとり産んでんだもん

子どももそう
生まれて当たり前じゃない
懸命に生まれてきてくれた
そんな二人に感謝があるからさ
産後の身体で家事やれ育児やれってのは
負担が大きすぎるって思うのよ俺は
産んでくれたのがママなら
育児をするのはパパが！
って気持ちでありたいんだよね
大袈裟だなーお前嫁だぞお前惚れすぎだろ
嫁だぞお前惚れてて当たり前だろ
……！

お前…
変わったな
子どもが生まれたんだ
優先順位くらい変わるだろ
ふーん イクメンってヤツね いいんじゃない？
ただよ
友達も大事にできないで
幸せな家庭なんか作れんのかね！
誰からも誘われなくなったら
孤独になるのはお前だからな

ただいま
おかえりー
子どもの様子どう？
今やっと置けたとこ
わー お疲れ様
それでね ご飯まだ作ってないの
いいよ
シャワーだけ浴びたら俺用意するよ
少し休んでてよ
あ
ありがと…
……
夫の和馬は優しい人だ
仕事をして家事をして
私に尽くしてくれる
そのうえ今は育児も覚え
必死に父親になろうと頑張ってる

私はきっと
恵まれている
それなのに
あら、お腹空いたかな
それなのに私は…
……
母親としての役目が
できていない気がする…
なんで?
のんでよ!!
でて!
えみ?大丈夫?
え?うん大丈夫よ
でも
やっぱりムリみたい出ないやー

そっか
じゃあミルク
作るね
待っててね
ありがとー
……
えみは
気にしている
母乳が
出ない
ことを
だけど正直
この領域だけは
果たして僕が
口をはさんで
いいものなのか
嫌だよな
出ない奴に
サプリは?
マッサージは?
いーじゃん
ミルクでも
根菜は?
3ヵ月で
でるらしいよ
気に
すんなよ
口出しされても
個人的に
言えば
ミルクを
あげられる
のは
素直にうれしい
自分でも
育てられてるぞ
って感じが
するから

えみは どうしたいのか 聞きたいけど
聞きにくい… でも無関心は 良くないよな
あのさ えみ
ゆっくりでもさ うまくいかない 時でもさ
ウチらの やり方で 愛情たくさん 与えて
無理なく二人で 育てていこうね
いつも ありがと
なぜだろう
うん
和馬もね
和馬の言葉に
イライラする
ザワッ

第8章「それぞれの育児」

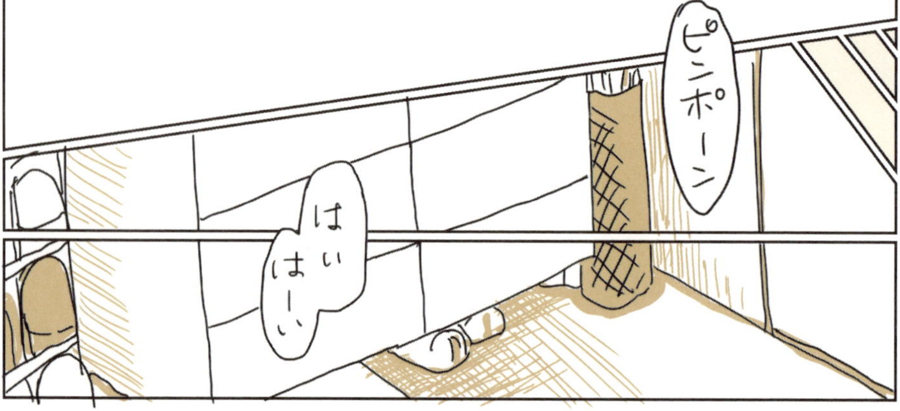

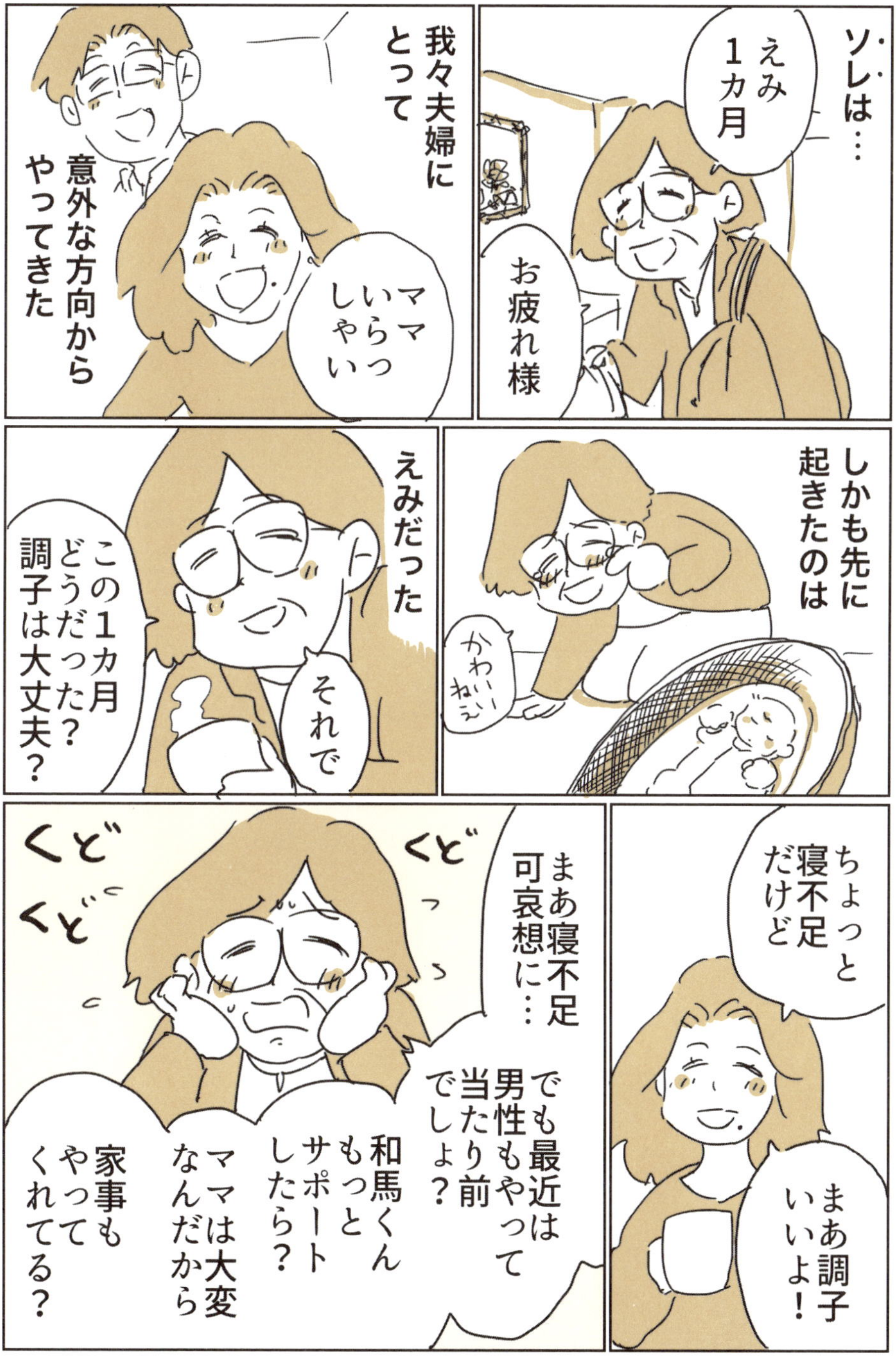
ソレは…
えみ1カ月
お疲れ様
我々夫婦にとって
意外な方向からやってきた
ママいらっしゃい
しかも先に起きたのは
かわいいねぇ
えみだった
それで
この1カ月どうだった? 調子は大丈夫?
ちょっと寝不足だけど
まあ調子いいよ!
くど くど くど
まあ寝不足 可哀想に…
でも最近は男性もやって当たり前でしょ?
和馬くんもっとサポートしたら?
ママは大変なんだから
家事もやってくれてる?

ちゃんとママを休ませてあげて…
ママ！
和馬はよくやってくれてるよ！大丈夫！
あらそーお？
それなら何で…
ザワ
母乳が出ないって嘆いてるのよ
忙しすぎるからなんじゃない？
それともやっぱり
普通分娩じゃなかったからかしらねー
あ！でもまぁ最近は
ミルクだけの人も多いんでしょ？
…

気にすることもないんじゃない？
いっそ断乳しちゃったら？
お義母…
いやぁ本当
そうしようかなー
ピンポーン
あ
和馬のご両親も来たみたい
えみ…
人は
身近な人ほど
時にその言葉が軽くなる
何気なく悪気なく
思ったことを言えてしまう間柄ならなお
だけどその言葉は
身近な人からのものだからこそ
心の深くへ突き刺さる

だから我々は
自分が傷つか
ないために
軽く流せる力も
必要になると思う
深く考えず
あしらう力
気にしすぎない
前向きな考え方
そんな力が
必要だ
えみは
それをわかってる
わかっている
だけど…

わああああ
わかっていても
そんな余裕など持てないのも
また産後でしょう
私は普通に産めてない
私は母乳でも育てられない
ええ…
だから
我々パパは
母親なの!? 私は!!!!
いつでも
ママの味方で
いるべき
なんだと思う

泣き疲れて寝ちゃった…
……
あれだけ大きかったお腹が
出産によりほぼ一晩でへこんだ
ママはへこんだお腹を見て
母親なの!? 私は…!!
何を思うのだろう
なくなった胎動を寂しく思うのかな
暑さや重さから
少しは楽になったのかな

何にせよ僕は
我々の子どもを守ってくれた
そのお腹に多大な感謝があるんだ
それは我々パパでは
できなかったこと
だからママは
気にしないで
ほしい
体型が戻らない
とか
おかしい…
傷口を申し訳なく
思うとか
見たく
ないよね
ゴメンね
それはママが
内臓の位置を変えてまで
お腹を大きくし
赤ちゃんを守り

命を懸けて赤ちゃんを
出産した証なのだから
体型が変わるのも当たり前
今はしっかり休んでほしい
えみはすでに十分
素敵な母親なのだから
……
パチ
寝てた…
!

……
えみへ
俺
びっくりした
子どもを
あやしながらの
家事って
もの凄い体力
も集中力も
必要なんだね
今まで二人で
やってきたから
一人でやると
全然思い通りに
いかなくて
寝かせる時
この服じゃ暑い？
布団は？
まくらは？
危なくない？
たくさんの
不安や悩み
やるべきことに
気がついた
えみは昼間
いつも
一人でこれを
こなしていた
んだね

成長を考え問題を把握し
母子健康
接種
いつも子どもを守ってくれてた
立派な母親でいてくれて
ありがとう
そして思ったんだ
これからは俺ももっと一人で育児ができるように頑張りたいって
だからこれからは
夜の育児は俺一人でやらせてくれないか？

こうして
任せてよ
半ば僕が強引にだが我々夫婦は
やりたいんだ！
昼夜でそれぞれワンオペをする
……
わかった
交代制育児を取り入れた
当初それは順調に進んだ
もともと睡眠の浅い僕は
夜中もさほど苦ではなかったし
睡眠が確保できたえみはストレスも減った
だけど意外にも
子どもの成長が僕を苦しめた
びえんえんえん
表情が豊かになり首が座り
脳が活発になってきた頃から
今までとの夜間育児とは違う
本格的な夜泣きが始まったのだ

それは決して激しくはないが間隔が短く
……
またか…！20分しか寝てないじゃん！
どうしたんだ最近…！
抱っこをしなくては
泣き止むこともなかった
抱っこをすれば泣き止むが
置けば泣く
少し置けては
またすぐ起こされる
はぁ
気が遠くなるほどそれの繰り返し
気づけばその頃の僕の睡眠時間は
渡辺商
小澤ー

平均で1、2時間となっていた
はい？
お、おお
なんかずいぶん疲れた顔してんな
ちょっと寝不足で
はあ
夜中まで育児!?
それは嫁さんの仕事だろ
あのな子どもなんか勝手に育つんだよ！
そんなんで仕事に穴あけんなよ!?

はあ
そうですか
子どもは
勝手には
育たないだろ
それは
あんたが
知らないだけだ！
多くのママは
我が子を
生かすために
毎日必死に
悩み、考え
行動してる
それでも
ちゃんと育つのか
不安を抱えながら
子どもを守っている
のに
わかってない
パパが多いと
思う…！
イラ
イラ
育児の過酷さ
大変さを…
それに…
産後のママに
ついても…

あれ？イワシってまだダメだっけ？
えみ 離乳食にイワシって平気？
！
なんか情報って変わるじゃん
自分で調べなよ
何でも聞いてこないでよ 私だって知らないよ
産後のママの状態についても
我々パパは知っておくべきなんだ…
そ…
そだね
起伏が激しいってね…！
会話しただけなんだけどな…

あーーーー!
イライラしてしまうーー!
気持ちがおかしい!
幸せなはずなのに
睡眠不足も解消されたのに
余裕が持てない!
ドキ
ドキ
綺麗にしていたいのに
片付かぬ部屋できぬ家事
完璧にしていたいのに
予定通りに進まぬ日々
キラキラしたかったのに全然うまくいかない!
腱鞘炎
イラ
仕事準備
できない
ハラ
保育園
幼稚園?
不安
ハラ
ハラ
イラ
理想と現実にギャップがあった!

本当は和馬にも感謝しているのに
ドキ
本当はもっと伝えたいことがあるのに
ドキ
困ったら簡単に私に頼るのが許せなかった
だって私は昼間一人でやっているのに私は私で大変なのに！
本当に…任せて大丈夫なのかしら…
モこ
モこ
そんな気持ちからその夜
私は取り返しのつかない言葉を和馬に言ってしまうのだった

第9章「深夜の異変」

座っていると寝てしまうので
昼食後は歩き続けていた
夜間の育児を考えると
飲み会も断るしかなかった
残業せずに仕事を終えるのも楽じゃない
疲労、悩みストレス
それらのせいか
口内炎が同時に8つできた
それでも子どもが可愛いのは
変わらなかった
歯がはえてきた
えみのため家族のため
自分は役に立っている

…そう思ってた
だから頑張れた
だから続けられた
今日は寝れそう
……
パチ
スー
スー
気のせいか…
だけど
何もなくても起きるようになっちゃったな…
ん?
何もないのに…?
いや逆に…
何もなさ過ぎる…
静か過ぎるよな…
ドキ
ドキ
ドキ
てか…
今手が熱くなかったか?
まさかお熱…?

アッツ！
やっぱり
お熱だ！
その原動力が
電気電気・・・
ピクピク
ビクン
崩れようとしていた
ビクン
熱性けいれん
マジか…
ガクン
だらん

生後6カ月以降に起こりうる
横《よこ》にするんだっけ…
服ゆるめて…あとは
ドッ
時間!時間はかって…
動画もだ!
発熱時の痙攣
ピクッ
ピク
目は見開き
おさまれ
おさまれ
不十分な呼吸
手足が突っ張り細かく震えるその姿は
なんで…
はやく…
ドッ
ドッ
おさまれ…!!
ドッ
親としては受け入れ難い光景でしょう
そう…
彼女のように
何っ
どうしたの…!?
ドッ
うう…
カズマ何したのよ!!
え…

いや…！
何って…
ドキ
ドキ
何で？何で？
何か飲んだの？
どうしたのよ！
救急車は？
呼んだの？
何動画なんか
撮ってんのよ！
いや
待って！
おさまって
きたよ！
良かった
1分も
経ってない…
はぁ？
良かった!?
勝手に
決めつけ
ないでよ！
何が
わかんのよ！
大丈夫…？
可哀想に…
…
ごめんね…
ごめんね…
救急車も
呼ばないで…
何考えて
んのよ！
何でもっと
心配しないのよ

任せるんじゃ なかった…
自分で 見てれば 良かった…
ご…
ごめ
何が 交代制 育児よ!
あなたに 任せてたら
この子の人生 メチャクチャに なっちゃう

ストッ
ガクンッ
俺は…この子のために…
なってない…
こんなに頑張ってきたのに…
これ以上どう頑張ればいいんだ…

ピーポー
その後
ピーポー
救急車は
すぐ来てくれて
はじめてですか？
なら一応
病院へと運んでくれた
子どもは
何事もなかったかのように
元気だった
病院で言われた
お父さん
動画はとても
助かりますよ
よく冷静に
頑張り
ましたね
この言葉に
救われた
様子を見つつ
帰宅する
タクシーの
中で
えみが言った

ごめんなさい ごめんなさい
ごめん ごめん…
僕らは強くない親だ
情けなく見えるかもしれない
不安や悩みを抱えながら
手探りで育児をしてきた
産み方で悩み
育て方で悩み・
自信を失くしたえみに
寄り添うつもりで言った交代制育児

だけど
結果として
僕は
家族三人での
時間を
えみから奪って
いたのかもしれない
それは夫婦での
信頼や感謝を
希薄なものに
していった
えみに不安を
抱えさせたまま
なのに
自分だけが
頑張ればいいと
思っていた
これからは
僕らの育児は
信頼ある育児へと
変わるべきだ
だけど
身近な人の言葉は
思ったよりも
僕の心を深く
傷つけていた
のだった

第10章「二人の育児」

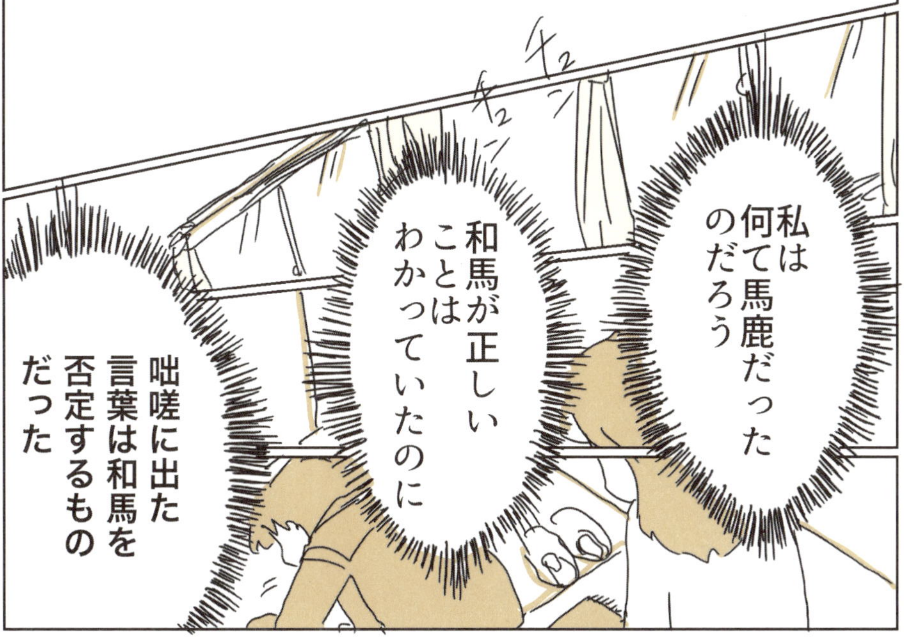
私は何て馬鹿だったのだろう
和馬が正しいことはわかっていたのに
咄嗟に出た言葉は和馬を否定するものだった

じゃ
行ってくるね
なるべく
早く
帰るから
和馬は
帰ったら
話そうね…
カズマ…
一人不安を抱えていた
夜驚症
夜泣き
子どもの
私に心配かけないよう
一人夜中に戦っていた
何も知らな
かったのは
私の方だった
私だけが
頑張ってると
思っていた
和馬 ごめん
ごめんなさい！
もっとちゃんと
謝りたい！
和馬が
帰ってきたら
もっとちゃんと
話したい…！
はぁ
はぁ

渡
もう お帰りか？
相変わらず 早くて いいな
僕はえみに
出産 してもらった 恩がある
だから育児は 僕がしたい
早く帰って
えみを 休ませたい
それが 正しいこと だと思ってた
ルスーパー
だけど
離れていく 友人
友達も 大事に できないで…
あなたが いたら…
えみの態度

僕のやっていることは
はぁ
本当に正しいのだろうか
はぁ
僕は本当は
あれ…
自分が正しいのかわからぬ不安
はぁ
社会から置いてかれていく不安
はぁ
寝れぬ日々いつまで続くかわからぬ不安
足が…
はぁ
力が…入らない…
足が動かない…
はぁ
はぁ
本当は僕は

育児をするのが辛かった
家に帰るのが怖かったんだ…
はぁ
あ…
はぁ
はぁ
神経症
いわゆるノイローゼである
あれ…
たてない…
極度の不安などから起こる
動悸、呼吸困難
はぁ
はぁ
激しい倦怠感から
立つのが困難になる人もいる
はぁ
はぁ

そこに男女は関係ない
だけど僕は…
はぁ
ドドッ
育児が嫌いなわけじゃないんだ…
はぁ
ただ僕は…
ただ僕は…!
誰にでも起こりうることである
はぁ
ドドッ
グッ
……
さすがに遅いよね
大丈夫かな
私はどこかで
ザワッ
和馬は帰ってきて
当たり前だと思ってた
ありがと
スーパーでたよ
19:20
はーい
19:20
だけどそれは
当たり前じゃないよね
この子が生まれたのが
奇跡であるように

私たち夫婦の出会いも存在も
当たり前じゃない
もっと優しくすれば良かった
もっと話し合えば良かった
だから今ちゃんとあなたに伝えたい
はぁ
はぁ
はぁ
私僕は今度こそ
二人で育児がしたい…！
はぁ

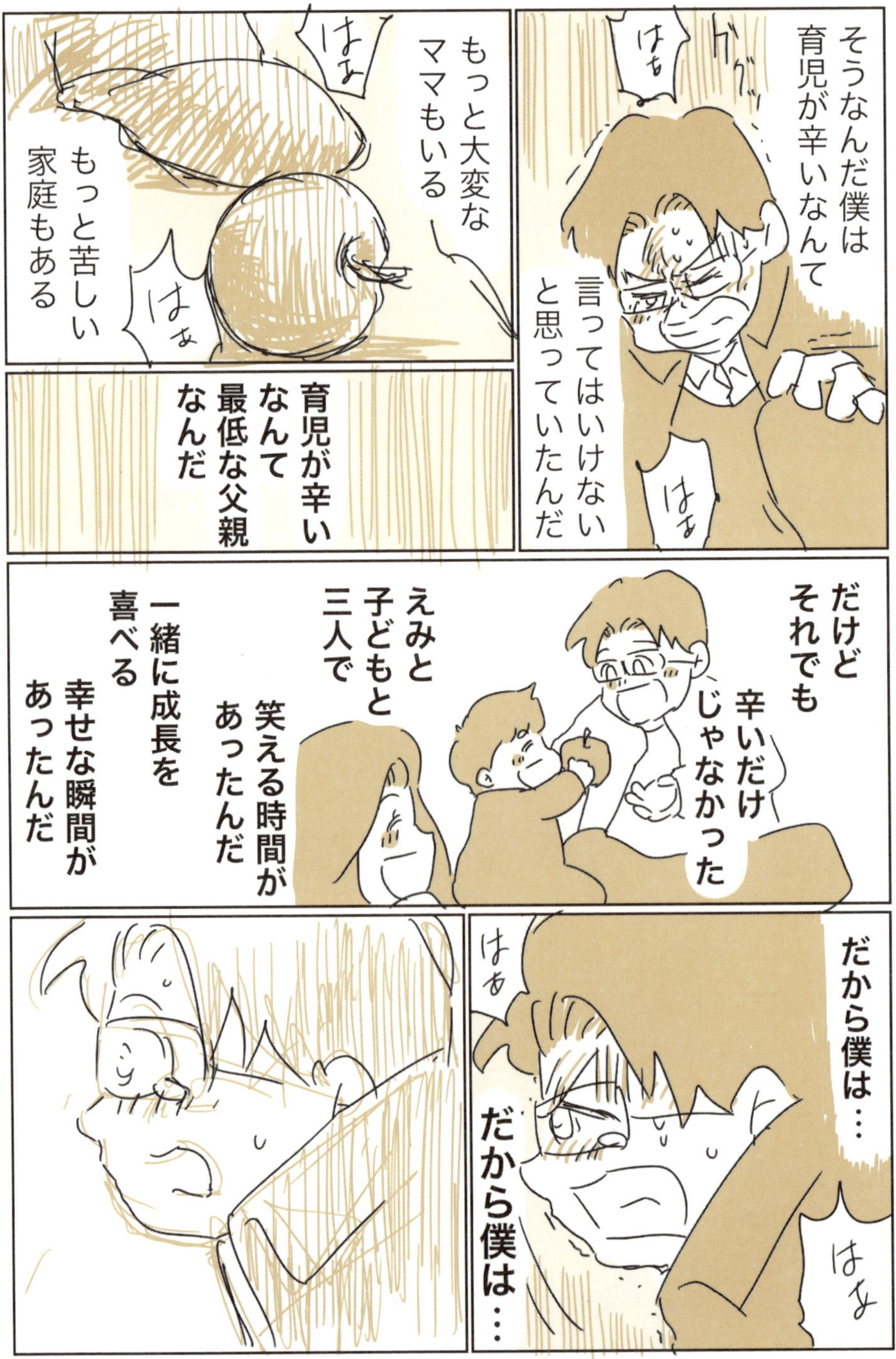

はぁ
そうなんだ僕は育児が辛いなんて
言ってはいけないと思っていたんだ
はぁ
はぁ
もっと大変なママもいる
もっと苦しい家庭もある
はぁ
育児が辛いなんて最低な父親なんだ
だけどそれでも
辛いだけじゃなかった
えみと子どもと三人で
笑える時間があったんだ
一緒に成長を喜べる
幸せな瞬間があったんだ
はぁ
だから僕は…
だから僕は…
はぁ

はっ
はっ
はぁ
はっ
は、
はっ
だから僕は本当は
一人でなく
え…
えみと一緒に
育児がしたかったんだ
み…
カズマ
カズマ
私が和馬を
苦しめた
違うんだ…
俺が…
完璧な親
なんていない

だからこそ僕らは悩み涙し
だからこそ僕らは怒り苦しみ
だからこそ後悔もする
だけどだからこそ僕らは
深く強く支え合っていくこともできると思うんだ…
今思えばこの時の僕らは
きっといい意味で
お互い見せたくなかった部分を
見せ合えた

優しく完璧なママを理想としたが
うまくいかず我を失ったえみ
力強く頼れるパパを見せたかったが
立ち塞がれ崩れ落ちた僕
頑張るとは一人で背負い込むことではなかった
僕らの育児はお互いが独りよがりだった
だからこれからは
話し合い支え合い
協力し二人でこの子を
守り育てていこうと決めた
それでも育児には
辛い部分があるかもしれない

それでも
それを
共感できる
パートナー
認め合える
パートナー
がいたら
ふぇえん
その育児は
……!
きっといつか

また二人でやりたくなる育児へと
いや、反応良すぎでしょ
えみもね
変わるだろう
見てくるから寝てて
ありがと
それから
6年後…
現在の小澤家
あの時は本当にごめん！
あの頃は自分自身でも何が何だかわからない状態で…
本当に酷い言葉を投げたよね…

それだけ本当
産後って
出産して
2、3カ月だけ
のこと
じゃなくて
もうずっと産後
なんだよね
それを
わかってない
パパが
多いと思うわ！
広く
うったえ
たいわ
だけどさ
私が言うのも
なんだけど…
あの時よく私を
怒らなかったよね
私を否定しないで
いてくれて…
本当ありがとう
だってえみ
昔言ってた
じゃん
生理前とか
酷いこと言うかも
しれないけど
本心じゃ
ないよって
PMS
勝手にそれと
同じかなって
思った
傷ついたのは
傷ついたけど

大丈夫
あなたのことはわかってる
夫婦とは
信頼の積み重ねだ
ありがと
こちらこそ
そのための会話だ行動だ
だからこそ産後のママについても
産じょく期
ママの心について
我々パパは知るべきであり学ぶべきなんだ
それがきっと信頼に繋がる
家族の絆を深める
だから俺今更だけど
東山くんに育休を勧めてみようと思うんだ!

プルルル
小澤和馬
フー
僕は
小澤さんに全てを話した
育児をしたいが会社の目が気になること
今のままでは仕事も育児も中途半端なこと
そしてそんな気持ちが家族を傷つけてしまったこと
だから育休を取って家族を守りたいこと
小澤さんは親身に聞いてくれて
快く承諾してくれた
そして
社長！お話が!!
渡辺
二人で育休を申請しに行ったんだ…

はあ？育休？今更何で？
手続きどんだけ面倒だと思ってんだよ
……！
だけどそれは簡単ではなかった
しゃ、社長確かに今更かもしれませんが…
私だって二人目の時取れたじゃないですか…
引き継ぎも私がしますし…
小澤の時は二人目だから取らせたけど
東山
お前んとこは一人目だろ
奥さんに甘くないか
！

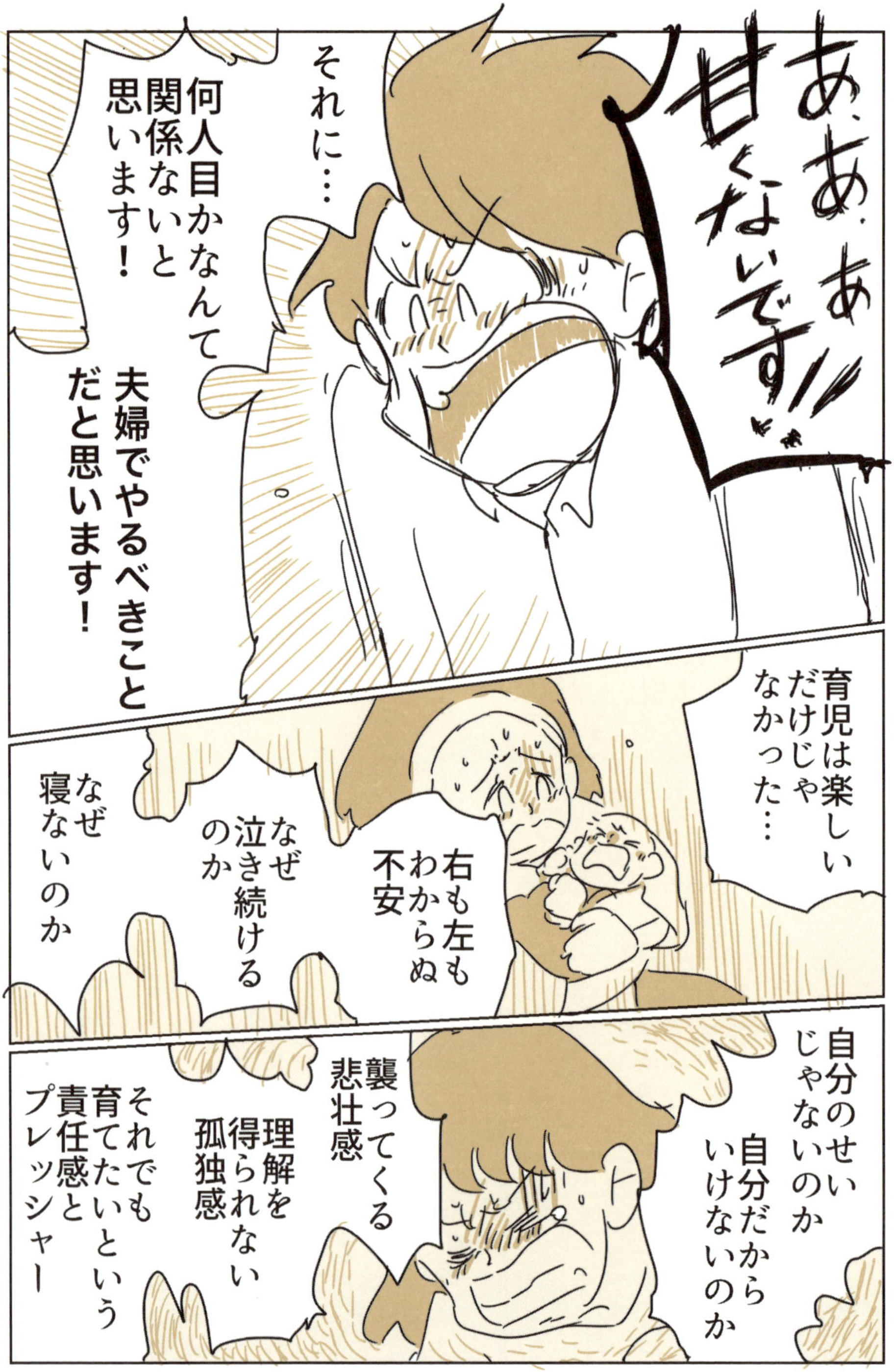

あ、あ、あ
甘くないです!!
それに…
何人目かなんて関係ないと思います！
夫婦でやるべきことだと思います！
育児は楽しいだけじゃなかった…
右も左もわからぬ不安
なぜ泣き続けるのか
なぜ寝ないのか
自分のせいじゃないのか
自分だからいけないのか
襲ってくる悲壮感
理解を得られない孤独感
それでも育てたいという責任感とプレッシャー

それを妻一人が抱え苦しんでいたことを知った今…
手を差し伸べるのが私なのは
夫婦として当然じゃないですかー！
僕は今
育児がしたいんだ！
それから
数週間後
ふぇ
ふええぇえん

ばあ
起きましたか
抱っこしようか？
いいよやるから
座ってて
そのために育休を取ったんだから
抱っこだって楽じゃないよ体休めてよ
それもそうか
…ねえ航太
なに？
オムツかえよっか
私を理解しようと寄り添ってくれて
ありがと

…京香、俺思うんだけどさ
パパも大変だよ
仕事だって楽じゃないし悩みだってたくさんある
だけどさ
妊娠
出産
そして産後
ママは本当に多くの痛みに耐え
ずっと家族のために戦ってくれてる
そこに感謝があれば
やっぱり寄り添うのは俺らパパからであるべきだと思うんだ
産んでくれてありがとう
生まれてくれてありがとう

我々パパは
育児を通して
そんな気持ちも
伝えていける
我々パパの
育児で
守れる人がいる
深まる家族の
絆が
確かにある
自分で育てたい
という自主性と
一緒に育てたい
という想いが
あれば
僕らの
育児は
変えられる

終わりに…
育児とは
可愛がるだけでなく
考え行動し育てることだ
寄り添うとは
想うだけでなく
相手を理解し共感し
味方になることだ
だけどそれは
家庭によって変わってくる部分もあるでしょう
だから夫婦にとって必要なのは
会話と思いやりであってほしい
この漫画がそんな夫婦の会話のキッカケになって
孤育てではなく二人の育児になってもらえたらと願っております
papa komai

STAFF

デザイン……………………………… 近内朋恵
企画・編集……………… 前嶋由美子（宝島社）
企画協力……… 志田さより（トライアングル）

僕らの育児が変わる時

2024年12月3日　第1刷発行

著者
パパコマ

発行人
関川 誠

発行所
株式会社宝島社
〒102-8388 東京都千代田区一番町25番地
電話（営業）03-3234-4621（編集）03-3239-0928
https://tkj.jp

印刷・製本
サンケイ総合印刷株式会社

ISBN 978-4-299-05813-3